돼지학교에 오신 것을 환영합니다!

백명식 글·그림

강화에서 태어나 서양화를 전공했습니다. 출판사 편집장을 지냈으며, 다양한 분야의 책과 사보, 잡지 등에 그림을 그리고 있습니다. 특히 어린이들이 좋아하는 책을 쓰고 그릴 때 가장 행복하다고 합니다. 그린 책으로는 《WHAT 왓? 자연과학편》《책 읽는 도깨비》《자연을 먹어요 시리즈》 등이 있으며, 쓰고 그린 책으로는 《인체과학 그림책 시리즈》《맛깔나는 책 시리즈》《저학년 스팀 스쿨 시리즈》 등이 있습니다. 소년한국일보 우수도서 일러스트상, 중앙광고대상, 서울일러스트상을 받았습니다.

곽영직 감수

서울대학교 물리학과와 미국 켄터키대학교 대학원에서 공부했습니다. 저서로는 《곽영직의 과학캠프》《교양 과학 고전》 등이 있고, 어린이를 위한 과학 그림책인 《더더더 작게 쪼개면 원자!》《데굴데굴 공을 밀어 봐》 등이 있습니다. 《빅뱅》《신성한 기하학》 등을 우리말로 옮겼고, 《니코의 양자 세계 어드벤처》《어린이 과학 형사대 CSI》《공기를 타고 달리는 소리》 등 많은 책을 감수했습니다. 현재 수원대학교 물리학과 교수로 재직하고 있습니다.

빛 속으로 날아간 돼지

백명식 글·그림 | 곽영직 감수

초판 인쇄일 2013년 10월 10일 | **초판 발행일** 2013년 10월 20일
펴낸이 조기룡 | **펴낸곳** 내인생의책 | **등록번호** 제10호-2315호
주소 서울시 강서구 가양동 52-7 강서 한강자이타워 A동 306호
전화 (02)335-0449, 335-0445(편집) | **팩스** (02)6499-1165
전자우편 bookinmylife@naver.com | **홈카페** http://cafe.naver.com/thebookinmylife
편집장 이은아 | **책임편집** 이다겸 | **편집** 신인수 조일현 진송이
디자인 한은경 최원영 심재원 | **마케팅** 김상석 | **경영지원** 김지연

ISBN 978-89-97980-63-5 74080
ISBN 978-89-97980-45-1 (세트)

ⓒ 백명식, 2013

책값은 뒤표지에 있습니다.
잘못된 책은 구입처에서 바꾸어 드립니다.

이 도서의 국립중앙도서관 출판시도서목록(CIP)은 e-CIP홈페이지(http://www.nl.go.kr/ecip)와
국가자료공동목록시스템(http://www.nl.go.kr/kolisnet)에서 이용하실 수 있습니다. (CIP제어번호: 2013019819)

오늘은 일요일이야.
돼지 삼총사는 오랜만에 피그 박사님께 놀러 가기로 했어.
데이지는 강아지 조리를 데리고 나왔어.
조리가 신이 나 깡충깡충 앞서 달려갔어.
상쾌한 숲길을 지나면 피그 박사님의 연구실이 나와.
"안녕하세요! 박사님!"
"어서들 오너라."
삼총사가 우렁차게 인사하자 박사님이 반갑게
맞아 주셨어.

"박사님, 연구실이 왜 이렇게 지저분하죠?"
난장판이 되어 있는 연구실을 보고 데이지가 물었어.
"글쎄 실험을 도와주던 녀석들이 이렇게 난장판을 만들었지 뭐니."
"실험을 도와주던 녀석들이라니요?"
"빛과 소리를 마음대로 다룰 수 있는 녀석들인데 워낙 장난꾸러기들이라……."
"빛의 요정과 소리의 요정을 말씀하시는 거예요?"
"그렇단다."
"그런데 요정들은 어디로 갔어요?"
"둘이 장난을 치다가 빛의 요정이 소리의 요정을
그만 빛의 미로에 가두어 버렸지 뭐냐."
"박사님, 빨리 소리의 요정을 구하러 가요."
박사님과 데이지의 대화에 꾸리가 끼어들며 말했어.

"빛의 미로에서 소리의 요정을 꺼내 줘야 하는데
미로가 진공 상태라서 어떻게 할지 생각 중이란다."
"진공 상태요?"
꾸리가 박사님의 말씀을 듣고 다시 물었어.
"그래, 공기가 없는 상태를 진공 상태라고 한단다. 소리의 요정은 공기가 없으면
힘을 못 써. 소리는 공기의 떨림으로 전달되거든.
그래서 그걸 알고 빛의 요정이 소리의 요정을 진공의 미로 속에 가두어 버린 거야.
얘들아, 더 늦기 전에 소리의 요정을 구하러 가자구나."
"네."
박사님 말씀에 삼총사가 한목소리로 대답했어.

꿀꿀 더 알아보기

소리는 어떻게 들릴까?

소리는 공기나 물체의 떨림을 통해서 전해져요. 예를 들면, 우리가 말을 할 때는 목에서 떨림이 생겨나는데, 그 떨림이 공기를 타고 전달되어 귀의 고막을 통해 소리가 들리는 거예요. 이런 떨림을 '파동'이라고 해요. 이렇게 파동을 전달하는 물이나 공기 같은 물질을 '매질'이라고 해요.

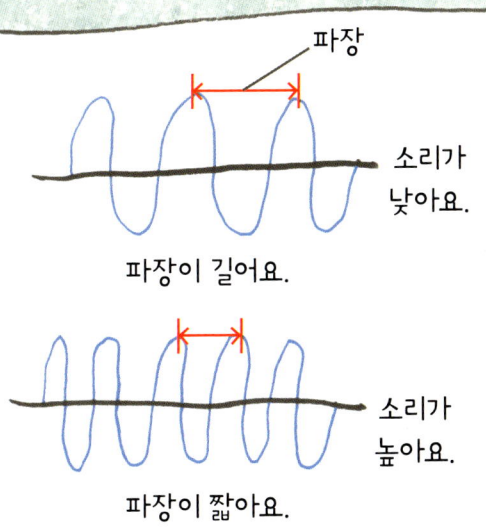

진폭이 커요. — 소리가 커요.
진폭이 작아요. — 소리가 작아요.
파장이 길어요. — 소리가 낮아요.
파장이 짧아요. — 소리가 높아요.

피그 박사님이 돼지 삼총사에게 번쩍번쩍 빛나는 옷과 헬멧을 주셨어.

"이걸 입고 헬멧을 쓰면 진공 상태에서도 숨을 쉬면서 안전하게 다닐 수 있단다."

"이것은 뭔가요?"

도니가 광선총을 만지작거리며 물었어.

"여러 가지 빛을 쏠 수 있는 광선총이란다. 온도를 조절하면 여러 가지 빛이 나오지. 그리고 이건 공기가 가득 들어 있는 공기 주머니야."

"호, 신기하게 생겼네요. 박사님은 역시 뭐든지 척척 만들어 내시는 척척 박사님이세요."

꿀꿀 더 알아보기

세상에서 존재할 수 있는 가장 낮은 온도는?

온도에 따라 물체가 내는 빛의 종류가 달라요. 세상에서 존재할 수 있는 가장 낮은 온도는 영하 273.15도인데, 이것을 절대 영도라고 해요. 이 절대 영도를 0도로 삼고 시작하는 온도의 개념을 절대 온도라고 해요. 이 절대 온도로 몇 도냐에 따라 물체가 내는 빛이 달라져요. 절대 온도에서 100도에서 1,000도 사이의 물체는 적외선을 내요. 우리 몸은 적외선을 내지요. 절대 온도로 1,000도에서 1만 도 사이의 물체는 눈에 보이는 가시광선을 주로 내요. 태양이 내는 빛이 바로 가시광선이에요. 그래서 우리 눈에 익숙하지요. 절대 온도로 1만 도에서 10만 도인 물체에서는 자외선, 10만 도에서 1억 도 사이인 물체에서는 엑스선, 1억 도 이상인 물체에서는 감마선이 나와요.

꿀꿀 더 알아보기

절대 영도인 영하 273.15도보다 낮은 온도는 없을까?

영하 273.15도가 되면 기체의 부피는 0에 가까워져요. 그러면 기체 분자의 에너지도 0이 되어 꼼짝 못하게 된답니다. 따라서 영하 273.15도 밑으로는 더 이상 내려갈 수가 없어요.

돼지 삼총사는 강아지 조리도 데려가기로 했어.

"개는 소리를 잘 들으니까 도움이 많이 될 거야."

박사님은 이렇게 말씀하시고는 언제나 신통방통한 연필호에 시동을 거셨어.

연필심이 뱅글뱅글 돌더니 땅속으로 파고 들어가 빛의 미로에 도착했어.

"어, 어지러워! 사방이 거울로 되어 있네. 그런데 꾸리야, 너 왜 이렇게 말라 보이니?"

"데이지, 너는 엄청나게 뚱뚱해 보이는걸."

데이지의 말에 꾸리가 대답했어요.

"여기가 첫 번째 관문인 거울 미로란다.

실제 모습과 다르게 보이는 것은 빛의 반사하는 성질 때문이란다.

오목 거울이나 볼록 거울은 빛이 반사하는 각도를

틀어서 실체와 다르게 보이게 하거든."

박사님이 말씀하셨어.

여기가 첫 번째 미로의 문이다.

누가 뭐래도 나는 멋진 연필호!

꿀꿀 더 알아보기

오목 거울
- 실제보다 상이 크게 보여요.
- 태양빛을 모으는 데 사용해요.
- 위치에 따라 상이 실제보다 커지기도 하고 작아지기도 해요.

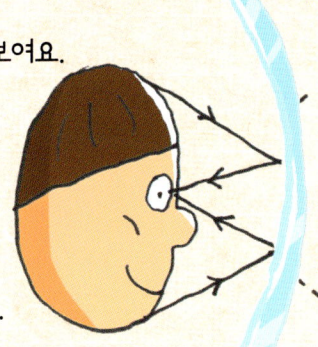

볼록 거울
- 실제보다 작게 보여요.
- 보이는 데가 넓어 보여요.
- 자동차 뒷보기 거울이나 도로 커브길 보기에 사용해요.

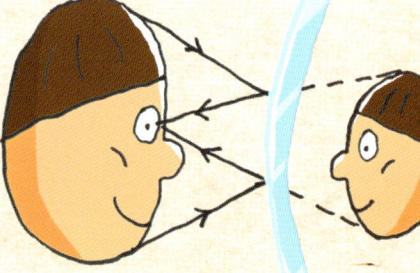

박사님과 돼지 삼총사는 겨우 거울 미로를 빠져나와 한숨 돌렸어.
"헉헉. 거울 미로에서 너무 헤맸더니 목이 말라. 아! 저기 연못이 있네!"
도니는 뭔가에 홀린 것처럼 달려갔지만 그곳에는 아무것도 없었어.
"그건 신기루라는 현상이야. 아래쪽 공기와 위쪽 공기 간에 온도 차이가
많이 나게 되면 공기의 밀도가 달라져 빛이 굴절하게 된단다.
사막이나 북극처럼 온도 차이가 큰 곳에서 자주 볼 수 있지."
도니가 헛것을 보았다며 웃자 박사님이 친절하게 설명해 주셨어.
"굴절이 뭐예요, 박사님?"
"성질이 다른 물질의 경계를 지나갈 때 빛이 꺾이는 현상을 굴절이라고 해.
이 미로는 어떤 물질도 존재하지 않는 진공 상태인데 신기루가
보이는 것을 보니 빛의 요정이 장난을 쳐 놓은 것 같구나."

꿀꿀 더 알아보기

강처럼 보이는 사막의 신기루 현상   울창한 숲처럼 보이는 북극의 신기루 현상

그러고는 광선총으로 엑스선을 쏜 뒤에 스마트폰 카메라와 연결했어.
그러자 카메라 모니터에 문 너머의 모습이 보였어.
"엑스선은 나무로 된 문을 통과할 수 있어. 아무래도 문 뒤쪽에 엑스선이 통과하지 못하는 물질로 비밀번호를 새겨 놓은 것 같구나.
엑스선이 반사돼서 돌아오면 이렇게 카메라에 찍혀 볼 수가 있지."
"와, 정말 신기해요. 병원에서 찍는 엑스레이 사진도 이런 원리를 이용해 찍는 건가요?"
"그렇단다. 엑스선은 사람의 피부는 통과할 수 있지만 뼈는 통과하지 못 하거든."
도니의 물음에 박사님이 대답했어.

드디어 박사님과 삼총사는 비밀 문을 열고 들어갔어.
"일단 광선총을 꺼 두자.
엑스선을 계속 발사하려면 높은 열이 필요하니까."
"박사님, 빛에도 종류가 있나요?"
"물론 빛에도 여러 종류가 있단다."
"무지개 색깔처럼 우리 눈에 다 보이겠죠?"
호기심쟁이 꾸리가 박사님께 계속 물었어.
"꼭 그런 것은 아니란다. 눈에 보이는 빛은 가시광선이라고 해."

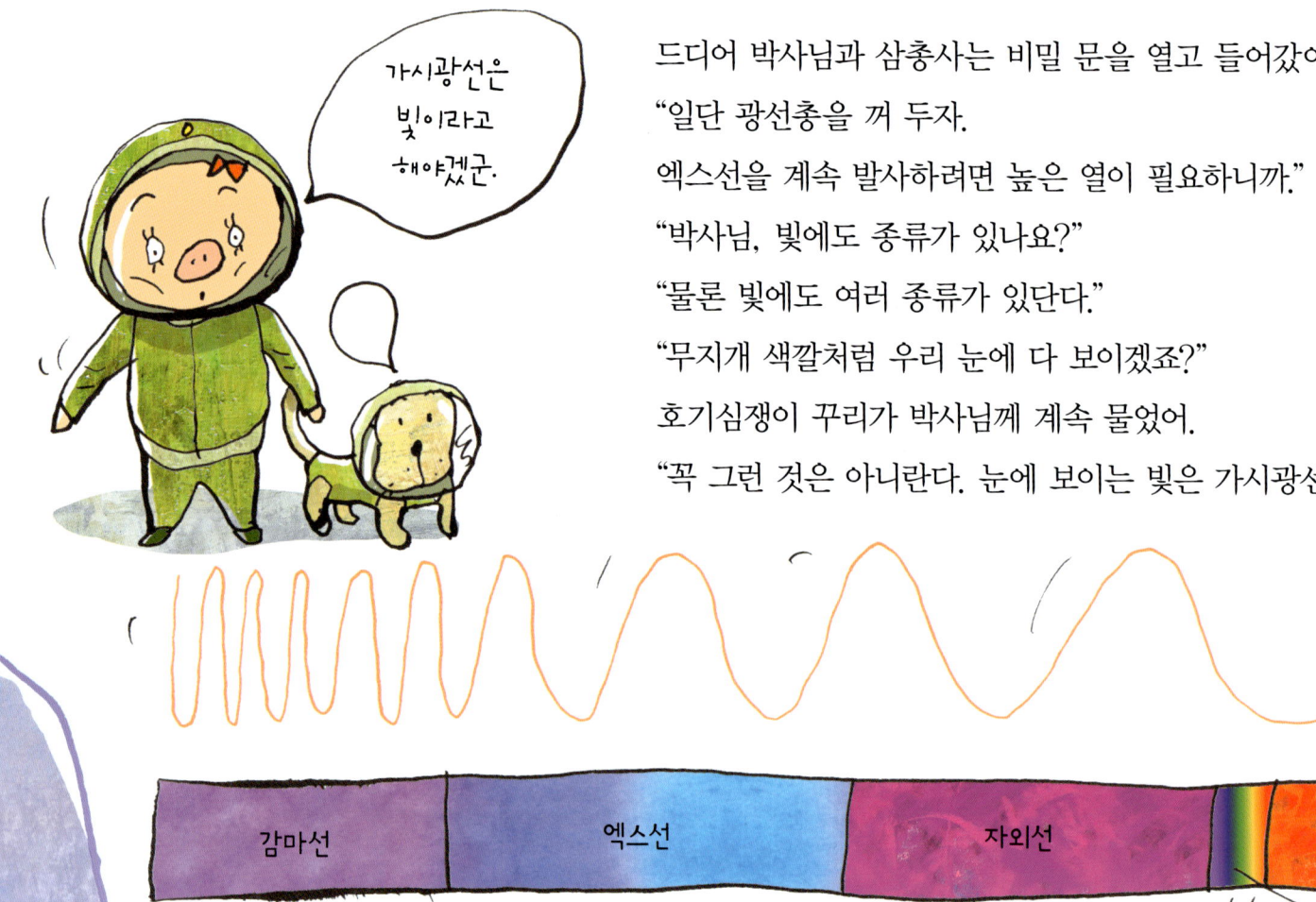

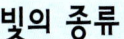 **꿀꿀즈 더 알아보기**

빛의 종류

우리 눈에 보이는 빛을 가시광선이라고 해요. 여러 가지 물건의 모양이나 색깔이 보이는 이유는 가시광선이 물건에 반사돼서 우리 눈에 들어오기 때문이에요.
우리 눈은 모든 빛을 다 볼 수 없어요.
파장이 너무 길거나 짧은 빛은 가시광선의 범위에 들어가지 못하기 때문이에요.

- 적외선 – 가시광선보다 파장이 길어요.
  물질에 침투하면 열을 일으키는 효과를 내요.
  병원이나 공장 등 많은 곳에서 사용하고 있어요.

- 자외선 – 가시광선보다 파장이 짧아요.
  가시광선보다 에너지가 높아 오랫동안 쬐면 피부가 상할 수 있어요.

- 엑스선 – 자외선보다도 파장이 짧아요.
  우리 몸속을 들여다볼 수 있어요.

- 감마선 – 엑스선보다도 파장이 짧아요.
  물체를 잘 통과하여 공항에서 여행 가방 속을 보는 데 쓰이기도 해요.

미로 여기저기에서 여러 가지 색깔을 띤 빛이 나왔어.
"빛의 색깔은 왜 각각 다른 거죠?"
"물체들은 저마다 어떤 빛은 흡수하거나 통과시키고
어떤 빛은 반사할 수 있는 능력이 있단다.
예를 들어 빨간색의 꽃은 빨간색의 빛만 반사시키고
다른 빛은 다 흡수하는 거야."
"하늘이 파란 건 왜죠? 하늘에는 아무것도 없는데……."
"아무것도 없는 것이 아니란다.
하늘에 있는 공기 분자가 파란색의 빛을 반사하기 때문에
하늘이 파랗게 보이는 거야."
이번에도 데이지가 박사님께 계속 물었어.

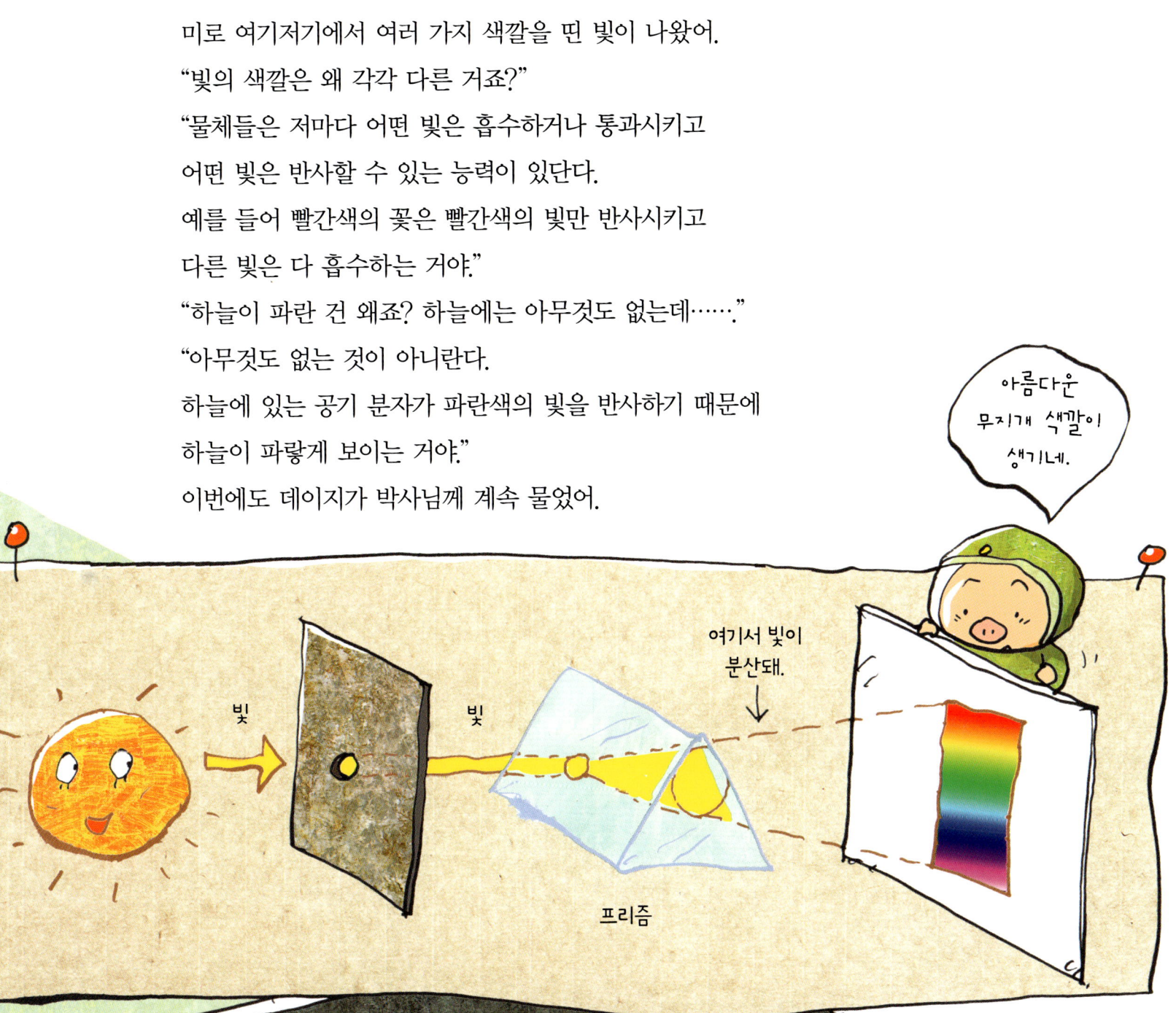

데이지가 박사님의 옷자락을 잡아끌었어.
"박사님, 저쪽에서 아름다운 빛이 나오고 있어요."
"데이지, 지금 이것저것 구경할 여유가 없단다. 빛의 요정은 대단히 빠르거든. 꾸물대고 있다가 들키면 도망칠 수 없어."
"빛은 얼마나 빨라요?"
"빛은 1초에 약 3억 미터를 간단다. 지구를 일곱 바퀴 반이나 돌 수 있는 거리지."
"빛보다 빨리 갈 수 있는 방법은 없나요?"
"만약 빛보다 빨리 움직일 수 있다면 과거나 미래로 갈 수 있는 타임머신을 만들 수 있다고들 하지만, 빛보다 빠르게 움직일 수는 없단다."

결국 소리가 전투기나 로켓보다 느리네요.

1초 동안에 갈 수 있는 거리를 재 보는 중이야.

세상에 나보다 빠른 것은 없다고.

빛

미로의 한가운데까지 오자 이번엔 갈림길이 나타났어.

"흠, 여기서 길을 잘못 선택한다면 큰일인데……."

"이 공기 주머니를 열어 이곳을 공기로 채우자.
어느 쪽에서든지 소리의 요정이 내는 소리를 들을 수 있을 테니까."

박사님이 공기 주머니를 꺼내며 말씀하셨어.

"맞아요! 아까 소리는 공기를 통해 전달된다고 하셨죠!"

꾸리가 자신 있게 말했어.

박사님은 공기 주머니를 열어 진공 상태였던 빛의 미로에 공기를 가득 채웠어.

하지만 어디에서도 소리의 요정 목소리는 들려오지 않았어.

"아무도 없어요?"
모두 힘껏 외쳤어.
그러자 잠시 뒤, "아무도 없어요?"라는 작고 희미한 메아리만 되돌아왔어.
"목소리가 들려. 저쪽이다."
꾸리가 기쁜 표정으로 환하게 웃으며 한쪽을 가리켰어.
"바보, 그건 메아리야. 우리 목소리가 반사된 거라고."
데이지가 꾸리에게 핀잔을 줬어.
"박사님, 소리도 빛처럼 반사되나요?"
도니가 앞서 가는 박사님께 물었어.

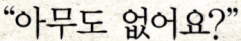

"그럼 당연하지. 하지만 소리는 빛보다 떨림이 훨씬
크고 느리기 때문에 늦게 되돌아와.
또 여러 군데로 흩어져서 약하게 들린단다."
"그럼 이제 어떻게 소리의 요정을 찾죠?"
그때, 조리가 큰 소리로
짖어 대기 시작했어.

아무도 없어요?

꿀꿀 ∼ 더 알아보기

메아리의 원리

소리의 음파는 장애물의 종류에 따라 부딪혔을 때 돌아오기도 하고, 그대로 장애물에 흡수되기도 해요. 그중 장애물과 부딪혀 되돌아와 우리가 들을 수 있게 되는 소리가 바로 메아리예요.
메아리를 정확하게 듣기 위해서는 반사하는 장애물에서 좀 떨어진 곳에서 소리를 내야 해요. 너무 가까운 곳에서 소리를 내면 소리가 뒤엉켜 구별해 들을 수가 없거든요.
메아리는 물속에서는 공기 중에서보다 훨씬 빠른 초속 1,500미터로 달려 나가요. 이것을 이용해 군함이나 어선에서는 바위나 다른 배들과의 거리를 측정하기도 한답니다.

음파로 물고기뿐만 아니라 잠수함도 찾아낼 수 있어.

어선에서 음파를 발사해 반사되어 돌아오는 음파로 물고기가 어디에 있는지 알 수가 있지.

"멍! 멍!"

조리가 짖으며 반대쪽 길로 달리기 시작했어.

"조리의 뒤를 따라가 보자. 뭔가 알아차렸나 봐.
소리의 요정은 빛의 요정에게 들키지 않으려고 초음파로 도움을
청하고 있을 수도 있어."

숨이 차 헉헉거리며 박사님이 말씀하셨어.

"초음파요?"

"사람의 귀는 세상의 모든 소리를 다 듣지 못한단다.
사람이 듣지 못하는 소리들을 초음파라고 하지. 그런데 개의 귀는
사람보다 몇 배나 예민해서 일부 초음파를 들을 수 있거든."

도니의 물음에 박사님이 친절하게 답해 줬어.

꿀꿀 더 알아보기

가청 주파수는 무엇일까?

소리는 '주파수'라고도 부르는 진동수를 갖고 있어요. 주파수가 낮은 소리는 낮은 소리로 들리고 주파수가 높은 소리는 높은 소리로 들려요. 사람이 들을 수 있는 범위의 주파수를 '가청 주파수'라고 하는데, 보통 20~2만 킬로헤르츠(KHz)까지예요. 하지만 개는 무려 주파수가 10만 킬로헤르츠(KHz)인 소리도 들린답니다. 주파수가 높을수록 파장이 짧은데, 초음파는 파장이 아주 짧아 일부 물질을 통과할 수 있기 때문에 엑스선과 비슷한 용도로 쓰이기도 해요.

달리던 조리가 갑자기 멈췄어.
조리 앞에 소리의 요정이 쪼그려 앉아 있었어.
"왜 이제 오는 거야?"
훌쩍이고 있던 소리의 요정이 우리를 보자 마구 소리를 내어 울기 시작했어.
"으아앙, 아아아앙!"
"박사님, 소리의 요정이 엄청 크게 울어요!"
도니가 귀를 막고 큰 소리로 말했어.
"그래, 나도 듣고 있다. 120데시벨 정도는 되겠어."
"데시벨이 뭐예요?"
"뭐라고? 시끄러워서 안 들려."
"데시벨이 뭐냐고요?"
"데시벨은 소리의 세기를 나타내는 단위야.
보통의 말소리는 약 50~60데시벨 정도 된다고 해."

아이고, 귀청이야.

대단한 소음이군.

꿀꿀 더 알아보기

데시벨에 따른 소음 수준을 알아보자!

- 40 데시벨 : 도서관에서 들리는 소리
- 50 데시벨 : 조용한 사무실
- 60 데시벨 : 보통 대화
- 70 데시벨 : 전화벨 소리
- 80 데시벨 : 지하철 안의 소음, 확성기 소리
- 90 데시벨 : 소음이 심한 공장의 큰 소리
- 100 데시벨 : 기차 소리
- 110 데시벨 : 자동차 경적 소리
- 120 데시벨 : 비행기 소리
- 130 데시벨 : 제트기 소리

소리의 요정은 훌쩍이며 미안하다고 사과했어.
"미안해. 날 이런 곳에 가두어 놓고 아무도 꺼내 주지 않아 슬펐어."
"어머, 시끄럽지만 않으면 꽤 예쁜 목소리잖아?"
데이지가 소리의 요정이 내는 목소리를 듣고 감탄했어.
"사람에 따라 목소리가 다른 건 음색이 다르기 때문이야.
한 가지 소리에는 여러 가지 파동이 섞여 나오는데
이 파동들이 합해져 음색이 달라지지."
"예쁜 목소리를 가진 소리의 요정을 찾았으니
빨리 이 미로를 빠져나가요."
데이지가 박사님을 재촉했어.

꿀꿀 더 알아보기

같은 음이지만 다른 소리

같은 음을 내더라도 악기마다 소리가 모두 다르다는 사실, 알고 있었나요? 이것은 소리의 '음색'이 다르기 때문이랍니다. 음색은 소리의 '파동'에 따라 달라져요.

사람의 목소리

플루트

바이올린

클라리넷

소리의 요정이 두 팔을 들어 올리며 말했어.
"모두들 나를 꽉 잡아. 입구까지 데려다 줄 테니까."
얼떨결에 모두 소리의 요정을 꽉 붙잡았어.
소리의 요정은 엄청난 속도로 날아가기 시작했어.
"으악! 너무 빨라요."
꾸리가 소리쳤어. 하지만 소리의 요정은 계속 앞으로 날았어.
"거울에 부딪히겠어!"
데이지가 무서워서 두 눈을 질끈 감고 소리쳤어.
"걱정 마, 절대로 부딪히지 않을 테니……."
소리의 요정은 싱글벙글 웃으며 말했어.
얼마쯤 가다가 모두들 깜짝 놀랐어.
갑자기 굉장히 큰 소리가 나더니 주변의 거울들이
'쨍그랑' 깨져 버리는 거야.
"음속을 돌파할 때 일어나는 충격파 때문이야."
소리의 요정이 말했어.

거울에 부딪힐 것 같아.

뒤를 보니 빛의 요정이 화난 얼굴로 쫓아오고 있었어.
자기가 공들여 만든 미로가 다 부서지자 단단히 화가 난 거야.
"어쩌지? 너무 빨라. 우리를 곧 따라잡겠어."
소리의 요정은 눈앞의 벽을 향해 날았어.
"으악! 부딪힌다."
그런데 놀랍게도 소리의 요정은 벽을 살짝 넘어 방향을 바꿔 돌아갔어.
하지만 뒤따라오던 빛의 요정은 방향을 바꾸지 못하고
벽에 이마를 찧고 나가떨어졌어.
"깔깔깔, 저 아이는 직진밖에 못 한다니까."
소리의 요정이 통쾌하게 웃었어.

쟤는 직진밖에 못 해.

꿀꿀ㅌ 더 알아보기

빛과 소리의 진행 방향

빛은 직진밖에 하지 못해요. 앞에 장애물이 있으면 반사되거나 통과하거나 흡수될 뿐이지 장애물을 피해서 가지는 못한답니다.
이것을 '빛의 직진'이라고 해요.
하지만 소리는 앞에 장애물이 있으면 장애물을 넘거나 돌아서 뒤쪽까지 전달될 수 있어요.
이것을 '소리의 회절'이라고 한답니다.

빛의 미로에서 빠져나온
돼지 삼총사, 피그 박사님 그리고 소리의 요정은
헐떡거리며 숨을 고르고 있었어.
"어쩌다가 미로에 갇혔니?"
도니가 소리의 요정에게 물었어.
"어제 빛의 요정 생일 선물 상자에
엄청나게 큰 소리가 나오는 폭탄을 넣어 뒀어.
근데 빛의 요정이 상자를 열어 보고는 화가 머리끝까지 났어.
아무래도 소리가 너무 컸나 봐."
돼지 삼총사는 어이가 없어서 소리의 요정에게 꿀밤을 먹였어.
"이런, 네가 잘못했네."
"빛의 요정이 화가 날 만해."
꾸리와 도니가 혀를 끌끌 찼어.

꿀꿀ミ 더 알아보기

세상에 빛이 없다면?

만약에 빛이 없다면 아무것도 안 보이겠죠? 읽고 싶은 책도 읽지 못하고 걷거나 뛰지도 못해요. 재미있는 놀이도 못할 거예요. 심지어 누가 옆에 있는지도 모르겠지요? 또한, 빛이 없다면 식물들이 자라지 못 해요. 식물은 빛을 이용해서 광합성 작용을 해야 하는데 태양빛이 없으면 광합성을 할 수가 없으니까요. 그럼 식물들이 죽고, 그다음으로 식물을 먹는 동물들이 굶어 죽게 될 거예요. 그리고 따뜻한 빛이 없다면 사람들도 추워서 다 얼어 죽겠죠?

며칠 뒤, 돼지 삼총사는 편지와 함께 선물 상자를 하나 받았어.

애들아, 고마워.
너희 덕분에 우리는 다시 사이좋게 지낼 수 있게 되었어.
우리가 주는 선물이야. 절대 장난이 아니니 안심하고 열어 봐.
－빛의 요정과 소리의 요정으로부터－

돼지 삼총사는 잔뜩 기대를 하고 조심스레 상자를 열었어.
상자 속에서는 무지개 빛깔의 아름다운 빛과 함께
감미로운 음악이 흘러나오는 오르골이 있었어.
"빛과 소리가 합쳐지면 이렇게 멋진 게 되는구나!"

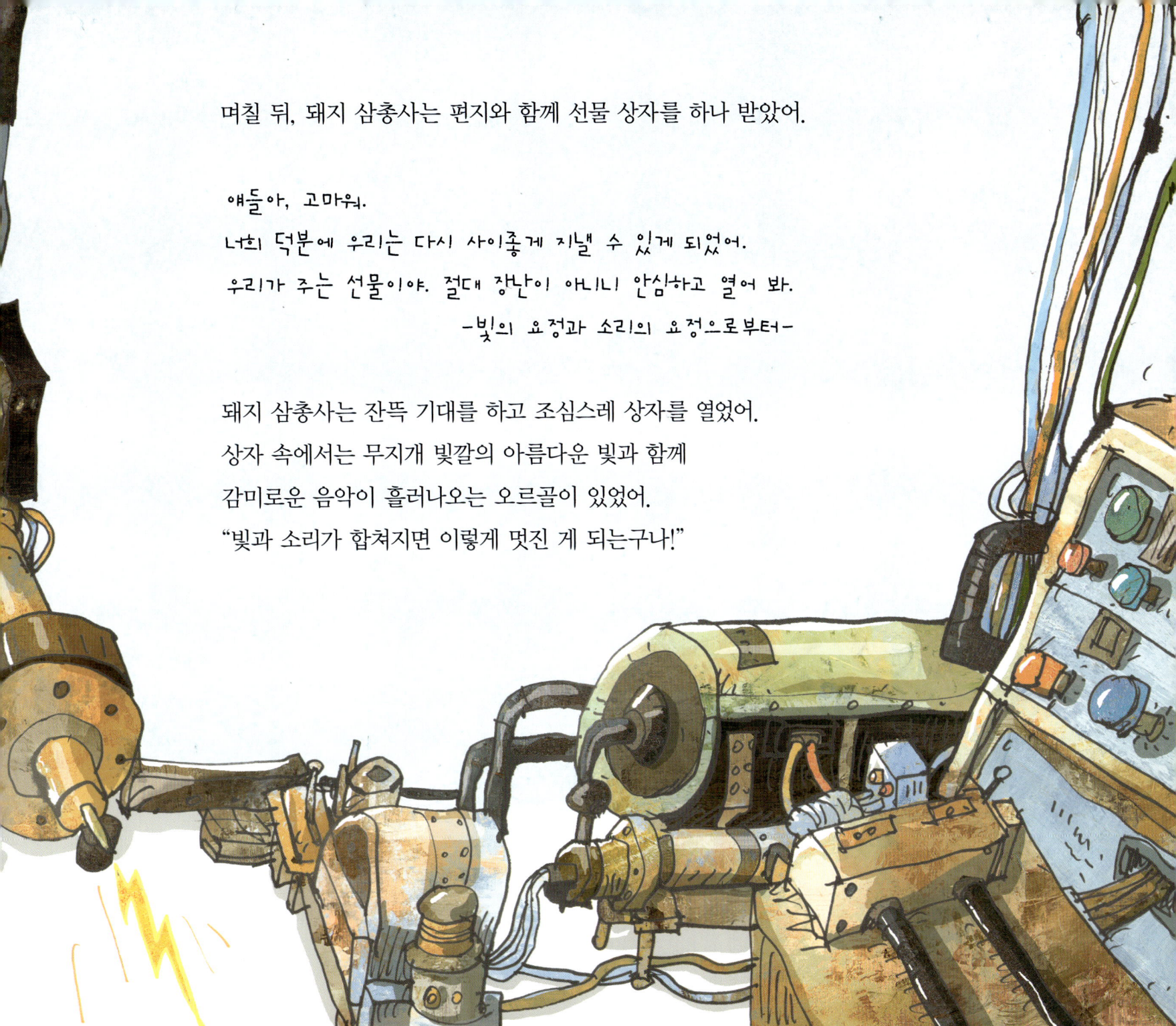

용감한 돼지 삼총사와 떠나는 창의적 융합과학 교과서

돼지학교 과학

돼지학교 시리즈는 초등 과학의 4가지 영역인 생명, 지구와 우주, 물질, 운동과 에너지 분야를 재미있는 이야기를 통해 아이들 스스로 과학적 지식을 익힐 수 있게 구성된 과학 책입니다. 돼지 삼총사와 함께 떠나는 신 나는 과학 여행! 그 속에서 여러 가지 미션을 수행하며 자연스럽게 창의적 문제 해결력을 키울 수 있습니다.

- 한 권 한 권 읽을 때마다 과학 지식이 차곡차곡!
- 돼지 삼총사와 떠나는 모험으로 과학적 호기심이 쑥쑥!
- 흥미로운 이야기로 창의적 문제 해결력이 팍팍!

돼지학교 과학

돼지학교 과학 6	돼지학교 과학 7	돼지학교 과학 8	돼지학교 과학 9	돼지학교 과학 10
뼈 속으로 들어간 돼지	달에 간 돼지	빙하로 간 돼지	씨앗 속으로 들어간 돼지	곤충 몸속으로 들어간 돼지
뼈	지구와 달	기후변화	식물	곤충

돼지학교 과학 11	돼지학교 과학 12	돼지학교 과학 13	돼지학교 과학 14	돼지학교 과학 15
자동차 속으로 들어간 돼지	갯벌에 빠진 돼지	미생물을 연구하는 돼지	땅속으로 들어간 돼지	열 받은 돼지
교통과학	갯벌	미생물	지층과 화석	핵과 에너지

돼지학교 과학 16	돼지학교 과학 17	돼지학교 과학 18	돼지학교 과학 19	돼지학교 과학 20
로켓을 탄 돼지	알을 탐험하는 돼지	바다로 들어간 돼지	마법 부리는 돼지	로봇 속으로 들어간 돼지
로켓과 탐사선	알과 껍데기	고래	산과 염기	로봇